AF224549

GÉNÉALOGIE

DE

LA MAISON

DE MONTGRAND

DRESSÉE SUR LES TITRES DE FAMILLE VERS LA FIN DU XVIIe SIÈCLE
ET CONTINUÉE JUSQU'A CE JOUR
D'APRÈS LES TITRES ET DOCUMENTS AUTHENTIQUES

PAR

LE COMTE GODEFROY DE MONTGRAND

Gentilhomme Provençal.

MARSEILLE

IMPRIMERIE ARNAUD ET Ce

MDCCCLXIV

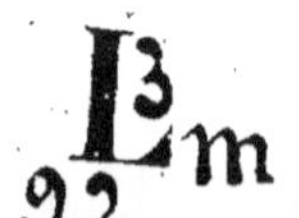

GENÉALOGIE

DE LA

MAISON DE MONTGRAND.

GÉNÉALOGIE

DE

LA MAISON

DE MONTGRAND

DRESSÉE SUR LES TITRES DE FAMILLE VERS LA FIN DU XVIIᵉ SIÈCLE

ET CONTINUÉE JUSQU'A CE JOUR

D'APRÈS LES TITRES ET DOCUMENTS AUTHENTIQUES

PAR

LE COMTE GODEFROY DE MONTGRAND

Gentilhomme Provençal.

MARSEILLE

IMPRIMERIE ARNAUD ET Cᵉ

—

MDCCCLXIV

GÉNÉALOGIE

DE LA

MAISON DE MONTGRAND

La Maifon DE MONTGRAND eft originaire du Vivarais ; elle a pris fon nom d'une grande terre feigneuriale fituée dans cette province & qu'elle poffédait très-anciennement. Ce n'eft que vers la fin du xviie fiècle qu'elle vint s'établir en Provence.

D'azur, à une haute montagne d'or mouvante de la pointe, à une nuée d'argent brochant fur le tout en fafce.

Couronne de Marquis. — Supports : deux aigles couronnées.

PREMIER DEGRÉ.

GUILLAUME DE MONTGRAND, damoiſeau, ſeigneur de Montgrand, ainſi qualifié dans un titre du 5 mars 1301 & dans un autre acte du 9 juillet 1336, paſſé par Pierre, ſon fils. Il vivait dès l'an 1275 avec Heliette de Saint-Ferréol, ſa femme, avec laquelle il fut inhumé dans l'égliſe de Saint-Martin de Vals.

II. PIERRE DE MONTGRAND, chevalier, ſeigneur de Montgrand, qualifié damoiſeau dans un titre de l'an 1301 & dans un autre du 9 juillet 1336, où il donne pareille qualité à Guillaume de Montgrand, ſon père. Il épouſa Eſtiennette de Morges & teſta l'an 1340, ordonnant d'être inhumé au tombeau de ſon père, en l'égliſe de Saint-Martin de Vals. Ses enfants, au nombre de trois, furent :

1. Eſtienne de Montgrand, qui ſuit;
2. Helie de Montgrand, co-ſeigneur de Montgrand, légataire de ſon père l'an 1340;
3. Guillaume de Montgrand, eſcuyer, homme d'armes dans la compagnie de ſon frère, en 1342 & 1343.

III. ESTIENNE DE MONTGRAND, eſcuyer, ſeigneur de Montgrand, fut homme d'armes des ordonnances du Roi fous meffire Galois de La Baume, fire de Valuffin, grand-maître des arbaletriers de France, en 1342 & 1343. Il avait époufé Agnès de La Grange, avec laquelle il fit vente de quelques rentes à Jacques de Ledre, par contrat du 9 juillet 1358, paffé devant maître Jean Felgon, notaire à Aubenas (1). Il eut trois enfants, qui furent :

1. Helion de Montgrand, qui fuit ;
2. Pierre de Montgrand, efcuyer, tué à la journée de Navarret, le 3 avril 1367 ;
3. Agnès de Montgrand, femme de noble Jean de Chaylar, en 1360.

IV. HELION DE MONTGRAND, efcuyer, feigneur de Montgrand en 1360, fit la foi hommage au feigneur d'Antragues & d'Afprejeu, l'an 1374, pour plufieurs héritages nobles qui relevaient de lui, où Helion eft qualifié damoifeau. Il fervit les rois Jean II, Charles V & Charles VI dans toutes leurs guerres & fit fon teftament l'an 1390, duquel il fait exécutrice damoifelle Jeanne de Peloux, fa femme. Il laiffa les quatre enfants ci-après :

1. Eftienne de Montgrand, qui fuit ;

(1) L'original de cet acte de vente fe trouve au cabinet des titres de la Bibliothèque Impériale, doffier de Montgrand ; au dos de cette pièce eft l'annotation fuivante d'une écriture du XVIIᵉ fiècle : *Vente faite des rentes à Aubenas par damoifelle Agnès de La Grange, femme de noble Eftienne de Montgrand, dudit Aubenas, à Jacques de Ledre, dudit Aubenas, reçue par maître Jean Felgon, notaire, le 9 juillet 1358, nᵒ 3.*

2. Agnès de Montgrand, légatrice de fon père, l'an 1390, était alors mariée avec noble Jean de Laftic, parent du grand-maître de l'Ordre de Saint-Jean-de-Jérufalem, en 1437 ;

3. Antoinette de Montgrand, auffi légatrice de fon père, en 1390, & femme de noble Raymond de Combes ;

4. Jeanne de Montgrand fut légatrice de fon père en 1390, puis religieufe.

V. ESTIENNE DE MONTGRAND, IIᵉ du nom, chevalier, feigneur de Montgrand, fut institué héritier univerfel par le teftament de fon père de l'an 1390, étant alors en Afrique où il avait fuivi l'armée commandée par Louis II, duc de Bourbon, contre les Maures & Sarraffins, & où il fignala fa valeur aux fièges de Carthage & de Thunes. A fon retour il fe mit en poffeffion de la fucceffion de fon père, puis il époufa Claudine de Fay, avec laquelle il eft nommé dans un titre de l'an 1407 qui eft une quittance de fa dot. Il fervait dans l'armée royale en Poitou contre les Anglais, en 1411, & depuis continua de fervir cette couronne jufqu'en l'année 1429 qu'il fut tué à la bataille de Patay. Il eut quatre enfants, favoir :

1. Jean de Montgrand, qui fuit ;

2. Antoine de Montgrand, efcuyer, co-feigneur de Montgrand en 1430, fut tué au fiége d'Arcqs, en Guyenne, l'an 1442, pour le fervice du roi Charles VII ;

3. Claudine de Montgrand, femme, en 1430, de noble Louis de Guiffrey, qui fut tenir ôtage en Angleterre, l'an 1454, pour Jean de Montgrand, fon beau-frère ;

4. Agnès de Montgrand, mariée, en 1430, à noble Pierre

d'Angerez, auquel Louis de Guiffrey donna procuration l'an 1454.

VI. JEAN DE MONTGRAND, efcuyer, feigneur de Montgrand, accorda avec fes frères & fœurs l'an 1430.

Il rendit de notables fervices au roi Charles VII contre les Anglais, pendant toutes les guerres qu'il eut contre eux, jusqu'à ce que ce monarque les eût chassés du royaume, & defquels il fut fait prifonnier, l'an 1454, que noble Louis de Guiffrey, fon beau-frère, fut tenir ôtage en Angleterre pour les conventions de fa rançon. Il avait époufé, l'an 1436, Guillemette de Berard, avec laquelle il eft mentionné dans un titre de l'an 1444, & la fit exécutrice de fon teftament en 1464, dans lequel il ordonne d'être inhumé au tombeau de fes ancêtres, en l'églife de Saint-Martin de Vals. Elle était fille de Berard de Berard, chevalier, feigneur de Montalet, de Poteillières, d'Alègre & autres lieux, & de damoifelle Guillemette de Moret de Pierrelate, fa feconde femme. Il laiffa les cinq enfants ci-après :

1. Louis de Montgrand, qui fuit ;
2. Antoine de Montgrand a formé la feconde branche ;
3. Guillaume de Montgrand, chevalier de l'ordre de Saint-Jean-de-Jérufalem, auquel fon père fit une penfion par fon teftament de l'an 1464 ;
4. Eftienne de Montgrand, efcuyer, légataire de fon père en 1464, était homme d'armes des ordonnances du Roi en 1488 & 1489 ;
5. Guillemette de Montgrand, légatrice de fon père en l'an

1464, qu'elle était mariée avec noble Jean de Banes, efcuyer.

VII. LOUIS DE MONTGRAND (1), efcuyer, feigneur de Montgrand, inftitué héritier univerfel de fon père l'an 1464, a continué la poftérité des aînés.

Deuxième Branche.

VII. ANTOINE DE MONTGRAND, efcuyer, co-feigneur de Montgrand, deuxième fils de Jean de Montgrand & de Guillemette de Berard, légataire de fon père l'an 1464, fe fubftitua à Louis, fon frère, avec lequel il accorda l'an 1465. Il époufa, en 1470, damoifelle Françoife Faure, qui était veuve de lui le 4 feptembre 1492, qu'elle obtint commiffion du Parlement en qualité de gardienne noble de fes enfants, & après fa mort elle fut inhumée avec fon mari dans l'églife de Saint-Martin de Vals, fépulture de la famille, comme il paraît par le teftament fait par François de Montgrand, fon fils, le 10 mars 1545. Ses enfants furent :

1. François de Montgrand, qui fuit ;
2. Louis de Montgrand, qui a formé la troifième branche ;

(1) On conferve au cabinet des titres de la Bibliothèque Impériale un fragment manufcrit de la généalogie de la maifon de Montgrand, depuis Louis, feigneur de Montgrand, jufqu'à Charles de Montgrand, premier du nom, inclus. Cette pièce, d'une écriture du xviie fiècle, porte l'annotation fuivante : *Champval, diocèfe de Viviers.*

3. Guillaume de Montgrand, décédé jeune ;
4. Françoise de Montgrand, femme de Jean de Chavannes,
avocat en la Cour du Parlement, morte sans enfants
avant l'an 1492, qu'il eut procès contre damoiselle Françoise Faure, au nom de ses enfants, pour la restitution
de sa dot.

VIII. FRANÇOIS DE MONTGRAND, es-
cuyer, co-seigneur de Montgrand, servit le roi
Louis XII dans toutes ses guerres, puis le roi
François Ier, son successeur, qu'il suivit à la con-
quête du duché de Milan, l'an 1515. Il avait
épousé, en 1500, Marguerite de Pins, fille de
Gerard de Pins, chevalier, seigneur de Bourg,
de Perthuis & autres lieux, & tante de Bertrand
de Pins, chevalier de Malte. Il fit son testament
le 10 mars 1545, en la ville de Saint-Ambrois,
par lequel il ordonne d'être inhumé dans l'église
de Saint-Martin de Vals avec ses père et mère,
en la sépulture de ses ancêtres. Il eut un fils qui
fut :

IX. LOUIS DE MONTGRAND, IIIe du nom,
escuyer, seigneur de La Salle, puis co-seigneur
de Montgrand après son père, homme d'armes
des ordonnances du Roi sous Monseigneur Anne
de Montmorency, grand-maître & maréchal de
France, & gouverneur de Languedoc en 1530 &
1531, fut institué héritier universel par le testament de son père du 10 mars 1545. Il obtint
exemption du ban & arrière-ban l'an 1554, à

caufe du fervice perfonnel qu'il rendait dans l'armée du Roi, & arrêt du Parlement, le dernier mai 1560. Il a laiffé poftérité.

Troifième Branche.

VIII. LOUIS DE MONTGRAND, IIe du nom, efcuyer, feigneur de Meyfonniers, deuxième fils d'Antoine de Montgrand & de Françoife Faure, fut marié : 1° avec damoifelle Jeanne de Meyfonniers, dame dudit lieu; 2° le 19 juin 1530, avec Philippes Barbier, veuve de Jean de Serres. Il eut de fon premier mariage deux enfants :

> 1. François de Montgrand, efcuyer, feigneur de Meyfonniers, époufa, le 19 juin 1530, Marie de Serres, fille aînée de Jean de Serres, efcuyer, & de damoifelle Philippes Barbier, fa belle-mère;
> 2. Eftienne de Montgrand, qui fuit.

IX. ESTIENNE DE MONTGRAND, IIIe du nom, efcuyer, marié, le 23 feptembre 1533, avec Marguerite de Serres, fœur puinée de Marie de Serres, femme de François, fon frère. Il fit fon teftament le 29 juin 1588, où il fubftitue fes biens à fes enfants. Il laiffa fept enfants, favoir :

> 1. Antoine de Montgrand, qui fuit;
> 2. Louis de Montgrand, efcuyer;
> 3. Pierre de Montgrand;
> 4. André de Montgrand;
> 5. Marie de Montgrand;

6. Claudine de Montgrand ;

7. Jeanne de Montgrand, femme de Louis de Geniſton, avocat en la Cour, morte avant 1588.

X. ANTOINE DE MONTGRAND, IIe du nom, eſcuyer, mourut avant ſon père, qui fait mention de ſes enfants dans ſon teſtament du 29 juin 1588. Il avait épouſé, le 23 mai 1571, Suzanne Raoulx, fille de Jean Raoulx & de Marguerite Guilbière ; elle eſt nommée dans un contrat de vente paſſé par ſon fils, le 1er août 1623, des biens de ſa ſucceſſion. Il eut trois enfants, qui furent :

1. Charles de Montgrand, qui ſuit ;

2. Marguerite de Montgrand ;

3. Claude de Montgrand.

XI. CHARLES DE MONTGRAND, eſcuyer, fut ſubſtitué héritier univerſel par le teſtament d'Eſtienne de Montgrand, ſon aïeul, du 29 juin 1588, & fit vente de quelques héritages provenant de la ſucceſſion de damoiſelle Suzanne Raoulx, ſa mère, par contrat paſſé à Sommières, le premier août 1623. Il ſervit pendant ſa jeuneſſe dans les armées du Roi, ſous Charles de Lorraine, duc de Guiſe, en qualité d'homme d'armes des ordonnances de Sa Majeſté, depuis 1597 juſqu'en 1605 ; puis il épouſa, en première noces, N. Julien de La Baume, dont il n'eut point d'enfants, & en ſecondes, le dernier octobre 1613, Anne de Rivière, fille de Claude de

Rivière, bailli de l'Argentière. Il laiffa deux enfants :

1. Claude de Montgrand, qui fuit;
2. Jean de Montgrand, efcuyer, époufa, le 7 octobre 1645, Marguerite de La Selve, dont il eut trois enfants :

1. Louis de Montgrand, efcuyer;
2. Claude de Montgrand;
3. Charles de Montgrand, efcuyer, fieur de Malavas, capitaine au régiment de Caftres & chevalier de l'Ordre royal & militaire de Saint-Louis, devint maréchal deslogis de la première compagnie des Moufquetaires du roi Louis XIV. Il mourut à Paris, le 22 janvier 1727, à l'hôtel des Moufquetaires, rue du Bac, âgé de 63 ans.

XII. CLAUDE DE MONTGRAND, efcuyer, confeiller fecrétaire du Roi, époufa, le 20 décembre 1637, Gabrielle Mége de La Pallud, fille de Claude Mége de La Pallud, capitaine d'infanterie au régiment de Rochecolombe, & de damoifelle Marie Fabreffe. Il mourut le 22 feptembre 1706, laiffant huit enfants :

1. Marie de Montgrand;
2. Simon de Montgrand, qui fuit;
3. Françoife de Montgrand;
4. Anne de Montgrand;
5. Jeanne de Montgrand, mariée à Jacques Vernet, receveur général des amortiffements de Grenoble en Dauphiné;
6. Joachim de Montgrand;
7. Dominique de Montgrand, qui a formé la quatrième branche;
8. Pierre de Montgrand, qui forma un rameau à Cannes, dont était Charles de Montgrand, confeiller du Roi & conful de la nation françaife à Chypres & enfuite à Tripoly de Barbarie; la fille de ce dernier, Marie-Sophie

de Montgrand époufa, le 7 octobre 1733, meffire Jofeph de Peloux, efcuyer, confeiller du Roi & commiffaire des troupes dans le département d'Antibes.

XIII. SIMON DE MONTGRAND, efcuyer, confeiller du Roi, époufa, le 19 juin 1669, damoifelle Jeanne Huet de La Coudre, fille de François Huet de La Coudre, feigneur du Vivier & capitaine de la ville de Buzançois, & de damoifelle Françoife Bazanerie. Il en eut trois enfants :

1. Jean-Baptifte de Montgrand, qui fuit ;
2. Marie-Dominique-Thérèfe de Montgrand ;
3. Jeanne-Françoife de Montgrand.

XIV. JEAN-BAPTISTE DE MONTGRAND, efcuyer, confeiller du Roi, commiffaire général de la marine & des galères de France, époufa, le 29 janvier 1698, damoifelle Françoife de Vignier, fille de François de Vignier & de damoifelle Françoife Aller. Il mourut le 18 novembre 1762. Ses enfants, au nombre de dix-fept, furent :

1. Jean-Baptifte de Montgrand, chevalier de Saint-Louis, capitaine au régiment de Flandres & enfuite ingénieur ordinaire du Roi, dangereufement bleffé d'un coup de feu dans le corps au fiége de Bergopzoom en 1747. Il fervit avec diftinction dans cette arme & obtint du Roi une penfion de retraite en récompenfe de fes bons & loyaux fervices. Il mourut le 16 décembre 1777 ;
2. Marguerite de Montgrand, mariée, le 7 avril 1739, à meffire Guillaume d'Audiffret, efcuyer de la ville de Manofque, fils de meffire Antoine d'Audiffret, efcuyer, & de dame Marguerite de Blanc ; 2° le 25 avril 1746, à noble Paul de Brunet, feigneur d'Eftoublon, veuf de

dame Jeanne de Pochet, fils de noble Paul de Brunet, feigneur de Molan & de Saint-Jurs, & de dame Thérèfe de Pochet;

3. Jean-Baptifte de Montgrand, capitaine au régiment de Flandres, tué à la bataille de Parme en 1733;

4. Elifabeth de Montgrand;

5. Françoife-Henriette de Montgrand;

6. Elifabeth de Montgrand, mariée, le 25 janvier 1739, à noble Gafpard d'Arquier, fieur de Saint-Paul, efcuyer de la ville de Lambefc, fils de noble Augufte d'Arquier, auffi fieur de Saint-Paul, efcuyer, & de dame Marguerite d'Efmenard de Mondéfir;

7. Gabrielle de Montgrand, }
8. Marianne de Montgrand, } fœurs jumelles;

9. Thérèfe-Olympe de Montgrand;

10. Marie-Monique de Montgrand;

11. Charles de Montgrand, capitaine d'infanterie, mort à la guerre de 1747 à 1748;

12. Philippe de Montgrand, chevalier de Saint-Louis, capitaine au régiment de Flandres, mort des bleffures reçues à la bataille de l'Affiette, en 1747;

13. Jofeph-Dominique de Montgrand;

14. Michel de Montgrand, lieutenant au régiment de Piémont, mort jeune dans la guerre de Bohême, en 1744;

15. Charles-François de Montgrand;

16. Claire de Montgrand, mariée, le 2 janvier 1748, à mesfire Georges-Alexandre de Montmejan Saint-André chevalier, feigneur de La Tour, lieutenant des vaiffeaux du Roi, fils de meffire Louis-Jean-Baptifte de Montmejan, chevalier, feigneur de La Tour, chevalier de l'ordre royal & militaire de Saint-Louis, penfionnaire du Roi, ancien commandant du régiment de Noailles & gouverneur du port Sainte-Marie, & de dame Jeanne de Reignac.

17. Anne-Elifabeth de Montgrand.

Quatrième Branche

XIII. DOMINIQUE DE MONTGRAND, escuyer, feigneur de Mazade & de la Napoule (1), époufa, le 4 février 1697, damoifelle Marguerite de Bionneau, fille de Jean-Baptifte de Bionneau, baron d'Ayrague, gentilhomme de la ville de

(1) La terre de la Napoule fut donnée, le 7 juillet de l'année 1387, à noble homme Guillaume de Villeneuve, co-feigneur de Tourretes (*) *(Viri nobilis Guillelmi de Villanova condomini de Turretis)*, par Marie de Blois, reine de Jérufalem & de Sicile, ducheffe d'Anjou, comteffe de Provence, en qualité de tutrice de Louis II, fon fils. La maifon de Villeneuve poffeda cette terre jufqu'en 1719, que noble Dominique de Montgrand, feigneur de Mazade, en fit l'acquifition de meffire Pierre-Jean de Villeneuve, chevalier, marquis de Trans, comte de Tourretes & autres lieux, par convention du 21 mars de ladite année, enregiftrée chez Me Cuzin, notaire à Marfeille, le 23 dudit mois, au prix de cent cinquante trois mille cinq cent quarante-une livres treize fols quatre deniers. Dominique de Montgrand en reçut l'inveftiture & en prêta la foi & hommage le 31 mars 1719, par devant la Cour des comptes, aydes & finances de Provence.

En 1589, la Napoule, qui était un gros village du diocèfe de Fréjus, & qui avait été à plufieurs reprifes pillé & dévafté, fut de nouveau ruiné, ainfi que la terre feigneuriale, par les guerres civiles. Le duc de Savoie, Charles-Emmanuel Ier, s'en rendit maître & dévafta le territoire. Depuis cette époque, les feigneurs avaient laiffé les terres en friche & le village affez dépeuplé. Dominique de Montgrand apporta tous fes foins pour la réparer & pour la repeupler de nouveaux habitants, auxquels il donna des terres en conceffion.

Le port de Theoule dépendait de la terre de la Napoule & n'était éloigné du château que de deux milles. C'eft dans ce port que fe faifaient autrefois les embarquements pour le commerce de Graffe & de Cannes. Le mouillage y eft très-bon, le fond étant tout vafe & fable, & les bâtiments peuvent jeter l'ancre affez proche de terre, vis-à-vis le village, par huit ou dix braffes d'eau. Les galères du Roi vinrent fouvent y mouiller. Ce port fervait auffi d'afile aux frégates & aux barques gardes-côtes en temps de guerre.

Le feigneur de la Napoule avait droit de haute, moyenne & baffe juftice, le droit d'inftitution & de deftitution des officiers, pour l'adminiftration d'icelle, &c., &c.; la propriété de la mer à la hauteur de cent libans en avant, tout le long de la côte, qui avait trois lieues d'é-

(*) *Donation des terres de Tourretes, Mons, la Napoule & Efclapon, à Guillaume de Villeneuve, par la reine Marie, par lettres patentes données à Pertuis, le 17 juillet 1387, enregiftrées à la Cour des comptes, aydes & finances de Provence, regiftre 4 Rubæi, folio 32, armoire A.*

Marſeille, & d'Anne-Marie de Scanavel de la ville de Paris. Il mourut le 22 ſeptembre 1728, ayant eu ſeize enfants, ſavoir :

1. Anne-Marguerite de Montgrand, mariée, le 26 décembre 1715, à meſſire Jean-Baptiſte-Marie-Hector de Grille Robiac, chevalier, marquis d'Eſtoublon, fils de mesſire François de Grille Robiac, chevalier, marquis d'Estoublon, & de dame Eugénie de Riquety de Mirabeau;
2. Jean-Baptiſte de Montgrand, qui ſuit;
3. Pierre de Montgrand;
4. Marie de Montgrand;
5. Jean-Baptiſte de Montgrand;
6. Dominique de Montgrand, major du régiment de Boulonnais, chevalier de Saint-Louis, mort dans la campagne de Bohême, en 1742;
7. Claude de Montgrand;
8. Jean-François de Montgrand, eccléſiaſtique, décédé le 15 ſeptembre 1719, au grand ſéminaire de Saint-Sulpice, à Paris;
9. Joſeph de Montgrand ſervit avec ſon frère, Jean-Baptiſte, dans la première compagnie des mouſquetaires du Roi, ſous les ordres de leur oncle, Louis-Charles de Montgrand; il fut enſuite capitaine dans le régiment de Saintonge & mourut à Lisle (comtat Venaiſſin), le 12 avril 1729, âgé de 22 ans;
10. Jérôme de Montgrand;

tendue, avec la faculté d'affermer la pêche dans ſon détroit & de la prohiber, ſuivant les arrêts du Conſeil d'Etat par lui obtenus.

Par un autre arrêt du Conſeil d'Etat, le ſeigneur de la Napoule était autoriſé à avoir dans ſon château ſix pièces de canon pour la défenſe des bâtiments de mer qui venaient y mouiller.

Le château de la Napoule, abandonné pendant la Révolution, fut dévaſté par les vandales de 1793. Une grande partie de la terre fut vendue par le gouvernement révolutionnaire. A la rentrée des Bourbons, M. le marquis de Montgrand, maire de Marſeille, rentra en poſſeſſion du château & des terres qui n'avaient point été vendues & racheta tout ce qu'il put de cette ancienne propriété, qui appartient encore aujourd'hui à la famille.

11. Gabrielle-Marie de Montgrand;

12. Gabriel-André de Montgrand, major du régiment de Saintonge, chevalier de Saint-Louis, tué au combat de l'Affiette en 1747;

13. Honoré de Montgrand, capitaine de grenadiers au régiment de Boulonnais, chevalier de Saint-Louis, tué à la bataille de Rocoux en 1747;

14. François-Charles de Montgrand, capitaine au régiment de la Tour-du-Pin, bleffé à la bataille de Lauffeld, le 2 juillet 1747, chevalier de Saint-Louis le 3 feptembre fuivant, devint major de Dunkerque en 1757;

15. Eugénie-Marie de Montgrand;

16. Jean-Baptifte-Jacques Benjamin dit le chevalier de Montgrand, capitaine aide-major au régiment de la Tour-du-Pin, reçut deux bleffures à la bataille de Lauffeld, le 2 juillet 1747, dont l'une lui eftropia le bras droit; il fut nommé chevalier de Saint-Louis le 24 août fuivant, & major de l'île Sainte-Marguerite en 1778. Il fe trouva à 14 fiéges & 4 batailles : Dettingue, Fontenoy, Lauffeld & Mesle.

XIV. JEAN-BAPTISTE, Marquis DE MONTGRAND DE MAZADE, chevalier, feigneur de la Napoule, brigadier des armées du Roi, infpecteur & commandant général des milices gardes côtes de Provence, chevalier de l'ordre royal & militaire de Saint-Louis, défendit, en 1746, la ville d'Antibes contre les armées alliées (1). Il époufa, le 28 novembre 1724,

(1) Au mois de novembre 1746, les armées autrichiennes & piémontaifes envahirent la Provence. Le 5 décembre, le général Petalfi, avec 2,000 Croates ou Pandoures forma le blocus d'Antibes, tandis que les Anglais cherchaient à fe rendre maîtres des îles Sainte-Marguerite & Saint-Honorat. A la nouvelle de l'approche des ennemis, M. de Montgrand, infpecteur et commandant général des milices gardes côtes de Provence & commandant en particulier le bataillon d'Antibes, fe jeta

Marie-Anne de Carfeuil, fille de noble Joſeph de Carfeuil, conſeiller ſecrétaire du Roi, & de dame Engratie de Nogaret. Il mourut le 17 octobre 1780, ayant eu de ſon mariage treize enfants :

1. Engratie-Thérèſe de Montgrand;
2. Joſeph-Jean-Baptiſte de Montgrand, qui ſuit;
3. Marie-Fleurie de Montgrand, mariée à meſſire André de Jonquet, lieutenant-colonel au corps royal de l'artillerie, chevalier de Saint-Louis;
4. Eugénie de Montgrand, mariée, le 20 octobre 1766, à noble Joſeph-Antoine Aillaud;
5. André-Céſar de Montgrand, prieur de la Faye, diocèſe de Périgueux, avec une penſion ſur l'évêché de Caſtre, & vicaire-général du diocèſe de Fréjus;
6. Thérèſe-Sophie de Montgrand;
7. Nimphe-Pauline-Charlotte de Montgrand;
8. Jean-François-Joſeph de Montgrand, qui a formé la cinquième branche;
9. Anne-Eliſabeth de Montgrand;
10. Marie-Fleurie de Montgrand;
11. Jean-Paul-François de Montgrand, prieur de la Roncière en Languedoc;
12. Gabrielle de Montgrand;
13. Eliſabeth-Marguerite-Félicité de Montgrand;

à la tête de ſa troupe dans cette place pour la défendre contre les armées alliées. Il donna des marques ſignalées de ſa valeur & de ſa bonne conduite pendant le ſiége que les ennemis furent forcés de lever après un mois de tranchée ouverte. En récompenſe de ſes ſervices ſignalés, Sa Majeſté le roi Louis XV l'éleva au grade de colonel & lui accorda une penſion de 1,200 livres (*). M. de Montgrand fit preuve dans cette circonſtance d'un grand dévouement, en abandonnant avec ſa famille, pour courir au ſervice du Roi & du pays, ſon château de la Napoule qui fut dévaſté par les ennemis. Les pertes qu'il eſſuya furent évaluées par les commiſſaires nommés par la province à la ſomme de 96,000 livres, dont il ne fut jamais dédommagé.

(*) *Voir la pièce conſervée aux archives du miniſtère de la marine & annotée de la main du Roi* (doſſier de Montgrand).

XV. JOSEPH-JEAN-BAPTISTE, Marquis DE MONTGRAND, chevalier, feigneur de la Napoule, meftre de camp général, brigadier de dragons, maréchal des camps & armées du Roi, chevalier de l'ordre royal & militaire de Saint-Louis, époufa, le 27 juin 1770, Marie-Philippine Le Coigneux de Belabre, fille de Louis-Jacques Le Coigneux, chevalier, marquis de Belabre & de dame Françoife-Victoire Thomé. Il mourut le 13 janvier 1789; il avait eu deux enfants, favoir (1) :

1. Marie-Louife de Montgrand ;
2. Jean-Baptiste-Jacques-Guy-Thérèfe de Montgrand, qui suit.

XVI. JEAN-BAPTISTE-JACQUES-GUY-THÉRÈSE, Marquis DE MONTGRAND DE LA NAPOULE, gentilhomme honoraire de la chambre de Sa Majefté le roi Charles X, maire de la ville de Marfeille, de 1813 à 1830, officier de la Légion d'Honneur, chevalier de l'Ordre royal Conftantinien des Deux-Siciles, époufa à Vérone, le 31 juillet 1796, Marie-Thérèfe-Dominique Mofconi, fille du comte Jacques Mofconi & d'Elifabeth Contarini. Il mourut le 20 août 1847, laiffant un fils :

Jean-Baptifte-Augufte de Montgrand, qui fuit.

(1) Jofeph-Jean-Baptifte de Montgrand avait obtenu, pour prix de fes anciens fervices, la furvivance de l'infpection générale des milices gardes côtes de Provence dont fon père était pourvu depuis 32 ans. Il exerça cette infpection durant fept années.

XVII. JEAN-BAPTISTE-AUGUSTE, Marquis DE MONTGRAND, ancien lieutenant au 2me régiment d'infanterie de la garde royale, chevalier de l'Ordre royal & militaire de Charles III d'Efpagne, époufa, le 21 avril 1824, Marie-Henri-Céline de Paniffe, fille de Pierre-Léandre de Mark-Tripoli, comte de Paniffe-Paffis, pair de France, chevalier de l'Ordre royal & militaire de Saint-Louis & de l'Ordre de Saint-Jean-de-Jérufalem, & de Louife-Jeanne-Marie de Borely. De ce mariage font nés trois enfants :

1. Charles-Marie-Jean-Baptifte-Marfeille de Montgrand, marié, le 22 avril 1851, à Pauline-Marie-Mathilde Tramier, fille de Théophile-Martin Tramier, ancien médecin des armées, chevalier de la Légion d'Honneur, & de dame Marie-Magdeleine-Pauline Martin de Larouvière ;
2. Marie-Alphonfine-Amélie de Montgrand, mariée, le 25 avril 1853, à Maurice de Vaines, chevalier de la Légion d'Honneur, fils de Jean-Marie-Eufèbe de Vaines, confeiller d'Etat, pair de France, officier de la Légion d'Honneur, & de dame Henriette-Marie de Meulan ;
3. Pierre-Marie-François-Léon-Marfeille de Montgrand.

Cinquième Branche.

XV. JEAN-FRANÇOIS-JOSEPH, chevalier, comte DE MONTGRAND, troifième fils de Jean-Baptifte de Montgrand de Mazade, & de Marie Anne de Carfeuil, chevalier, chef de divifion des armées navales de France, chevalier de l'Ordre royal & militaire de Saint-Louis, époufa, le 1er novembre 1779, Henriette-Françoise-Baptistine Lafalle, fille de Jean-Baptifte Lafalle, & de dame Marie-Magdeleine-Marfeille de Saint-Jacques. Il mourut le 31 octobre 1809, ayant eu fix enfants :

1. Françoife-Céfarine de Montgrand ;
2. Pierre-Jofeph-Eugène de Montgrand ;
3. Benjamine-Adelaïde de Montgrand, mariée, le 30 août 1806, à Pierre-Jofeph-Hippolyte, comte de Ruffo-Bonneval, des comtes de Sinopoli de Calabre, capitaine de frégate, chevalier de l'Ordre royal & militaire de Saint-Louis, fils de Pierre-René-Benigne-Meriadec, comte de Ruffo-Bonneval, des comtes de Sinopoli de Calabre, ancien chef de divifion des armées navales de France, major général de la marine & des efcadres au port de Toulon, chevalier de l'Ordre royal & militaire de Saint-Louis, & de dame Magdeleine-Elifabeth de Saint-Jacques ;
4. Jofeph-Jean-Baptifte de Montgrand ;
5. Augufte-François-Jules de Montgrand ;
6. Alphonfe-André de Montgrand, qui fuit.

XVI. ALPHONSE-ANDRÉ, comte DE MONTGRAND, ancien officier de dragons, époufa, le 26 novembre 1821, demoifelle Marie-Rofalie-Philippine Rougier de Mille, fille de Anne-Jofeph Rougier & de demoifelle Anne-Rofalie de Mille. Il mourut le 5 juin 1853. Il a eu de fon mariage fept enfants, favoir :

1. Marie-Jofeph-Godefroy de Montgrand, qui fuit ;
2. Marie-Thérèfe-Rofalie-Félicie de Montgrand ;
3. Marie-Jofeph-Hippolyte de Montgrand ;
4. Marie-Thérèfe-Antoinette de Montgrand ;

5. Marie-Joſeph-Henri-Auguſte de Montgrand ;
6. Marie-Joſeph-Gonzague de Montgrand ;
7. Marie-Magdeleine-Clotilde de Montgrand.

XVII. MARIE-JOSEPH-GODEFROY, comte DE MONTGRAND, gentilhomme de la ville de Marſeille.

BLASONNEMENT

DES

ALLIANCES DE LA MAISON DE MONTGRAND.

DE SAINT-FERRÉOL. — Armoiries inconnues.

DE MORGES. — D'azur, à trois têtes de lions arrachées d'or.

DE LA GRANGE. — D'azur, au lion d'or.

DE CHAYLAR. — D'azur, à la bande d'or chargée de trois billettes de gueules; parti d'argent, à cinq hermines de sable, trois & deux, surmontées d'un guidon d'azur emmanché de même.

DE PELOUX. — D'argent, au sautoir dentelé d'azur.

DE LASTIC. — De gueules, à la fasce d'argent.

DE COMBES. — D'or, au chevron de sable.

DE FAY. — De gueules, à la bande d'or, chargée d'une fouine d'azur.

DE GUIFFREY. — D'or, à la bande de gueules, chargée d'un griffon d'argent.

DANGEREZ. — Echiqueté d'or & d'azur de quatre traits.

DE BERARD. — De gueules, à un demi vol d'argent.

DE BANES. — D'azur, à la demi ramure de cerf d'or posée en bande.

FAURE. — D'or, au lion de sable, armé, lampassé & paré de gueules.

DE CHAVANNES. — De gueules, à trois croissants d'or.

DE PINS. — De gueules, à trois pommes de pin d'or.

DE MEYSONNIERS. — De gueules, au château d'or.

BARBIER. — D'azur, à un cygne d'argent.

DE SERRES. — D'azur, à la bande d'or, chargée de trois annelets de gueules.

DE GENISTON. — D'or, à un genêt de sinople; au chef d'azur, chargé de trois étoiles d'or.

RAOULX. — D'or, à la croix patée de sable.

JULIEN DE LA BAUME. — Ecartelé, aux 1er & 4e, d'azur, à une colombe s'essorant d'argent; aux 2e & 3e de sable, à une tour maçonnée & coulissée d'argent; sur le tout d'or, à la bande de gueules.

DE RIVIÈRE. — D'azur, au cygne d'argent, à une épée de même, paffant en bande au-deffous du col, & en chef un croiffant d'argent entre deux étoiles d'or.

DE LA SELVE. — D'argent, au lion de gueules.

MÉGE DE LA PALLUD. — D'argent, au chevron d'azur, accompagné en chef d'un cœur de gueules entre un vol de même, & en pointe d'un griffon de fable.

HUET DE LA COUDRE. — D'or, à la bande d'azur, chargée d'un croiffant d'argent & accompagnée de trois rofes de gueules.

DE VIGNIER. — D'azur, à un cygne d'argent, becqué & membré de gueules, fur une rivière d'argent; écartelé d'or, à un cep de vigne de finople, accolé à un échalas de gueules.

D'AUDIFFRET. — D'or, au chevron d'azur, chargé de cinq étoiles d'or, & accompagné en pointe d'un faucon de fable, pofé fur un rocher de même, ayant la patte dextre levée & la tête contournée, à la bordure crenelée de fable.

D'ARQUIER. — D'azur, au pont d'une arche d'argent, maçonné de fable, furmonté d'un lion rampant d'or.

DE MONTMEJEAN SAINT-ANDRÉ. — D'argent, à deux levriers de gueules colletés d'argent; au chef d'azur, chargé de trois étoiles d'or.

DE BIONNEAU. — D'azur, à la faîce d'or, chargée de deux croiffants de gueules, accompagnée en chef de trois étoiles d'or, & en pointe d'un vol d'argent.

DE GRILLE-ROBIAC. — De gueules, à la bande d'argent, chargée d'un grillon de fable.

DE CARFEUIL. — D'azur, au chevron d'or, accompagné en chef de deux étoiles de même, & en pointe d'une rofe auffi d'or, tigée & feuillée de même.

DE JONQUET. — D'argent, au canard de fable, nageant dans une rivière d'azur & feneftré d'une plante de joncs de finople; au chef d'azur, chargé d'un foleil d'or entre deux étoiles de même.

AILLAUD. — D'azur, à une aigle s'efforant d'or, ayant la ferre féneftre pofée fur la pointe d'un croiffant d'argent.

LE COIGNEUX DE BELABRE. — D'azur, à trois porcs-épics d'or.

MOSCONI. — Ecartelé, aux 1er & 4e, d'azur, à deux lions affrontés d'or, foutenant une mouche de même; aux 2e & 3e d'argent, à l'aigle éployée de fable, couronnée de même.

DE MARK DE PANISSE. — Ecartelé, aux 1er & 4e, d'azur, à trois pointes de diamant ou triangles d'argent, les pointes en haut, furmontés d'une étoile à fix rais d'or qui eft de Mark; aux 2e & 3e, d'azur, à douze épis de blé renverfés d'or, pofés fix, quatre & deux, qui eft de Paniffe.

DE VAINES. — De gueules, à trois bandes d'or.

LASALLE. — D'argent, à une tour crenelée de trois pièces de fable,
furmontée d'un lion naiffant de gueules.

DE RUFFO-BONNEVAL. — Ecartelé, aux 1er & 4e, coupé endenté
d'argent & de fable de fix pièces qui eft de Ruffo de Calabre;
aux 2e & 3e, d'argent, à trois pals de gueules, à la bande d'a-
zur, brochant fur le tout, chargée fur les croifées de trois be-
fans d'or, qui eft de Bonneval d'Allamanon.

ROUGIER DE MILLE. — Ecartelé, aux 1er & 4e d'argent, à trois
poiffons de gueules entrelacés, fortant d'une mer d'azur, fe-
neftrés d'un arbre de finople fur un tertre de même; au chef
d'azur, chargé de trois étoiles d'argent, pour Rougier; aux
2e & 3e d'azur, à la fafce hauffée d'or, accompagnée en chef
d'un croiffant d'argent & en pointe de trois épis de millet d'or
pofés fur une terraffe de même, pour de Mille.

ÆR
MON
GD

ACHEVÉ D'IMPRIMER POUR LA PREMIÈRE FOIS

A MARSEILLE

CHEZ ARNAUD ET COMP.,

LE XV MAI MDCCCLXIV.

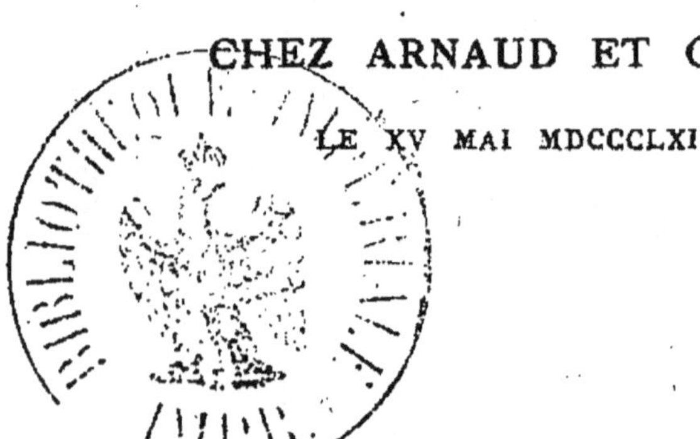